Diese Lektüre soll Ihnen helfen,

sich zielsicher auf die gesamte Bewerbung

vorzubereiten.

Vorwort

Als Dozent heute und als erfahrener

Vertriebsmanager früher,

kann ich Ihnen mein Wissen,

das sich aus der Erfahrung von unzähligen

Einstellungsgesprächen und Einstellungen zusammenfügt,

heute anbieten.

Denn schon ein altes Chinesisches Sprichwort besagt:

" frage nicht den Gelehrten, frage den Erfahrenen".

Überlassen Sie nichts dem Zufall,

bereiten Sie sich nicht aus den falschen Quellen vor,

sondern lernen sie von denen, die sich mit der realen

Situation auseinander setzen.

Richtig bewerben

um den Job zu bekommen,

den man anstrebt.

Denn es ist wie mit allem im Leben:

wer was tut,

wer sich vorbereitet,

wer sich informiert,

wer jeden Umstand an nimmt, der sich für ihn bietet

und sich nicht zu fein ist, den Rat eines

Erfahrenen einzuholen,

der kommt am weitesten!

Zitat von Rolf Buck

Und nun von Anfang an.

Als erstes sollten Sie noch mal Ihr Vorhaben, Ihre Entscheidung unter folgenden Gesichtspunkten überprüfen:

- Habe ich mich für den richtigen Job entschieden
- Kann ich mich in diesem Berufszweig entwickeln
- Ist es wirklich dass, was ich machen will
- Habe ich mich über mein neues Ziel genügend informiert -vorbereitet
- Sind meine Bewerbungsunterlagen auf dem aktuellen Stand
- Habe ich das Stellenangebot richtig gelesen, entsprechen die Anforderungen meinem Profil

....

Die Stellenanzeige richtig lesen

Viele Bewerbungen bleiben schon deshalb erfolglos, weil Bewerber die Stellenanzeigen nicht genau und gründlich genug lesen. Oft werden die Anforderungen vor lauter Euphorie überlesen. Kommt man jedoch bereits bei einer Forderung der ausgeschriebenen Stelle ins grübeln, lässt man besser gleich die Finger von der Bewerbung.

Die Stellenanzeige

Eine seriöse Stellenanzeige muss folgendes beinhalten:

die Selbstdarstellung des Unternehmens gibt Auskunft über das Berufsfeld, in der das Unternehmen tätig ist. Auch über das Produkt, das dort produziert oder vertrieben wird und wo sich der Standort befindet.

Eine genaue Stellenbezeichnung und das Aufgabengebiet, sowie die Anforderungen und Qualifikationen, die man mitbringen muss, werden hier genau beschrieben.

Die Leistungen des Unternehmens, wie z. B. Gehalt, Dienstwagen, Umzugskostenerstattung, Sozialleistungen etc. werden genannt.

Auch in welcher Form man sich zu bewerben hat, also schriftlich (eine Kurz-oder, eine ausführliche Bewerbung), online oder per Mail, werden hier genannt.

****

Glück hängt nicht davon ab, wer Du bist oder was Du hast; es hängt nur davon ab, was Du denkst und was Du tust.
Dale Carnegie

Das Lesen und Bearbeiten der Stellen-Anzeige

Wer ist das suchende Unternehmen? Bekannt? Internetseite?, Branche?

- Was sind die Aufgaben?
- Welches Aufgabengebiet ?
- Welche Qualifikation und Erfahrung soll der Bewerber mitbringen ?
- Wird ein gewisser (Schule-Studium-Ausbildung) Abschluss verlangt ??
- Welche Entwicklungschancen werden in Aussicht gestellt?
- Wie soll der Bewerber Kontakt aufnehmen?
- Ist eine Bewerbungsfrist gesetzt ?
- Werden Angaben zum frühesten Eintrittstermin erbeten?
- Gibt es eine Altersbegrenzung?
- Was für eine Position soll besetzt werden?

Die Bewerbungsmappe

Inhalt :

Lebenslauf
Bewerbungsschreiben
Kopie des letzten Zeugnisses

Allgemeines zur Bewerbungsmappe und deren Inhalt

Gut und positiv kommen an:

- Hochwertiges (dickeres) Papier
- Übersichtliche Anordnung der Unterlagen
- Mit Absätzen übersichtlich gegliederte Texte

Die Bewerbungsmappe selbst muss nicht exklusiv sein, jedoch sollte sie neu, ohne Knicke und Abnützungen oder Verunreinigungen sein.

Achten Sie auch auf die richtige Einsortierung.
Oben und nicht eingeheftet liegt das Anschreiben, danach folgt der Lebenslauf mit dem Foto.
Danach folgen die Zeugnisse oder Weiterbildungen, sowie eventuell auch Zertifikate, wenn diese für die neue Stelle von Belange sind.

Auch hier achten Sie darauf, dass diese Blätter sauber und nicht geknickt sind.

Wenn Sie Kopien beilegen (was sie unbedingt sollten, also keine Originalen) achten sie darauf, dass diese von guter Qualität sind.

Negativ wäre:

- o Gefaltete, geknickte, Unterlagen
- o In Hüllen ohne Mappe
- o Handschriftliche Texte
- o Fehlendes Foto, schlechtes Foto
- o Getickertes oder mit Büroklammer befestigtes Foto
- o Urlaubsfoto, oder mit Tieren
- o Private Fotos
- o Rechtschreibfehler
- o Übergroße Absätze
- o Unvollständige Unterlagen
- o Keine bunte Grafiken oder Schnörkel

Versenden Sie nie Standard- Bewerbungsmappen und deren Inhalt

Jeder gute Personaler, wird dies sofort erkennen

Maße - Layout - Tipps

Das Fensterfeld (bei Verwendung von Fensterumschlägen) beginnt auf einem DIN-A4-Blatt bei 4 Zentimetern (von oben gerechnet) und geht bis 9 oder 9,5 Zentimeter.

Ihr Briefkopf sollte sich an diesen Maßen orientieren, egal ob nun auf Mitte, rechts- oder linksbündig gesetzt oder im oberen bzw. unteren Teil des Briefpapiers.

Bei 10,5 Zentimeter sitzt die Falzmarkierung zum Falten des Blattes.

Oben und unten sollten mindestens 1 bis 1,5 Zentimeter Abstand zum Papierrand bleiben, links 2–4 und rechts 1–3 Zentimeter.

Die Textausrichtung:

Linksbündig ist wohl die häufigste Einstellung und wird auch empfohlen. Desweiteren können auch Mittelachse oder Zentriert sowie Rechtsbündig gewählt werden.

Kursive Schriften werden oft bevorzugt. Es können aber genauso gerade Schriften verwendet werden.

Die Schriftgrößen:

Überschriften wie beim Anschreiben oder im Lebenslauf schreibt man meist zwei bis vier Größen größer.
also mit 12 bis 14.

Die eigentliche Schriftgröße im Text in den Größen von 09 bis 12. Aber nicht größer!

Die Abstände:

Die Abstände zwischen der Kopfzeile und den Überschriften, sowie die Abstände zwischen Überschriften und Text, sollten immer gleich sein.

Das Bewerbungsfoto sollte auf jeden Fall zeitnah und identisch sein.

Es sollte von der oberen Brust aufwärts aufgenommen werden.

Also nur Kopf-Hals und leicht die Brust.

Nur eine gutes, klares Foto verwenden.

Die Kurzbewerbung

Wann empfiehlt sich eine Kurzbewerbung?

Grundsätzlich sollten Sie immer eine vollständige Bewerbungsmappe versenden.

Damit bekunden Sie, dass Ihr Interesse an dieser Bewerbung sehr hoch ist und Sie ein wirkliches Interesse zeigen. Kurzbewerbungen sollten Sie nur dann einsetzen, wenn dies ausdrücklich in der Stellenausschreibung gewünscht oder verlangt wurde.

Kurzbewerbungen bestehen aus einem Anschreiben und dem Lebenslauf mit Foto. (eventuell das wichtigste Zeugnis)

Kurzbewerbungen umfassen zwei bis drei DIN-A4-Seiten .

Auf eine Bewerbungsmappe können Sie hier verzichten.

****

Wer wirklich gütig ist, kann nie unglücklich sein; wer wirklich weise ist, kann nie verwirrt werden; wer wirklich tapfer ist, fürchtet sich nie.

Konfuzius

Der Lebenslauf

- ✓ Briefkopf (Name, Anschrift)
- ✓ Überschrift Lebenslauf in großer Schrift
- ✓ Foto

Was gehört alles in einen Lebenslauf

Schwerpunkte setzen

Lebensläufe sollen dem Personaler im beworbenen Unternehmen aufzeigen, dass Sie die Aufgaben der neuen Stelle beherrschen und bewältigen können. Stellenanforderungen und Ihre beruflichen Erfahrungen sollten sich hier decken.

Legen Sie deshalb den Schwerpunkt auf die Darstellung Ihres beruflichen Werdegangs.

Präsentieren Sie sich so, dass Ihre Anforderungen

der Position optimal

entsprechen und Sie diese erfüllen.

Lücken

Führen Sie Ihre beruflichen Stationen generell mit Monats- und Jahresangaben auf. (keine Tages Daten)

Bei längeren Abschnitten oder Zeiträumen ohne Beschäftigung, sollten Sie immer einen nachvollziehbaren, plausiblen Grund für diese Auszeit angeben.

Zum Beispiel: eine berufliche Neuorientierung, Kindererziehung, Umschulung, längerer Auslandaufenthalt oder Projektverwirklichungen.

Erfahrungen

Der Kardinalfehler in Lebensläufen ist der Verzicht auf Tätigkeitsangaben.

Lebensläufe sind für Personalverantwortliche erst dann interessant, wenn die jeweiligen Stationen mit kurzen Beschreibungen von Aufgabenbereichen versehen werden. Nur dann ist ersichtlich, was Sie in den einzelnen Positionen wirklich getan haben. Denn hinter ein und derselben Bezeichnung verstecken sich heutzutage ganz unterschiedliche Tätigkeiten.

Machen Sie deshalb für Außenstehende nachvollziehbar, womit Sie sich auskennen. Führen Sie die von Ihnen ausgeübten Tätigkeiten unbedingt stichwortartig auf.

Lebenslauf

Zur Person

Name:	Max Mustermann
Anschrift:	Musterweg 99, 12345 Stadt
Geburtsdatum-/ort:	01.01.1992 in Musterstadt

Bildungsweg

07/2002 – 06/2007	**Muster-Abschluss**
	Real - Schule (Stadt)
	• Abschlussnote (0,0)
09/1997 – 06/2002	**Muster-Abschluss**
	Grund+Hauptschule (Stadt)

Berufspraxis

seit 12/2012	**Mitarbeiter -Bereich..........**
	Muster-Unternehmen (Stadt,)
	• Aufgabenbereiche
07/2007 – 11/2007	**Praktikum im Muster-Bereich**
	Muster-Unternehmen (Stadt)
	• Kundenbetreuung
06/2011 – 05/2012	**Nebenjob im Muster-Bereich**
	Muster-Unternehmen (Stadt)
	Pflege des Kundenstamms

Weiterbildung

07/2007 – 09/2012 | Kurs zum Thema Kommunikation

Muster-Organisation (Stadt, Länderkürzel)

- Umfang: 08 Wochen

Weitere Kenntnisse

Sprachen: | Deutsch – Muttersprache

Englisch – fließend in Wort und Schrift

Software: | MS Powerpoint, MS Word – sehr gut

MS Excel – gut

Sonstige: | Führerscheinklasse B

Auslandserfahrung

06/2010 – 09/2010 | Work & Travel USA

Disney World (Orlando, FL)

Datum und Unterschrift

Max Mustermann
Musterstraße 19 • 72510 Musterstadt
08555 123456
max.mustermann@gmx.de

Lebenslauf

Persönliche Daten

Geburtsdatum/-ort
Familienstand
Konfession
Staatsangehörigkeit

Berufsstationen

MM.JJJJ – MM.JJJJ   Beruf, Betrieb, Ort

MM.JJJJ – MM.JJJJ   Beruf, Betrieb, Ort

MM.JJJJ – MM.JJJJ   Beruf, Betrieb, Ort

MM.JJJJ – MM.JJJJ   Beruf, Betrieb, Ort

Berufsausbildung

MM.JJJJ – MM.JJJJJ   Berufsbezeichnung
                                     Abschluss:

Schulbildung

JJJJ – JJJJ   Schule, Stadt
                                     Abschluss:

Besondere Kenntnisse

           Fremdsprachen
           EDV-Kenntnisse
           Führerschein

Musterstadt, 20.09.2016

Die dritte Seite

("Spot"-Seite) wird genutzt, um
weitere Aussagen zu Ihrer Person machen zu
können.

Sie gibt einem die Möglichkeit, sein berufliches Können
und seine Motivation ausführlicher, als wie im
Lebenslauf zu schildern.

Sie können hier ihre Tätigkeiten, Projekte oder spezielle
Aufgaben, die Sie erfolgreich gemeistert haben, beschreiben.

Sie könnte z.B. den Titel -

"Was spricht für mich "
oder:

" meine Interessen " lauten.

Zeugnisse, Urkunden, Teilnahmebestätigungen oder
Zertifikate können beigelegt werden.

****

Das Risiko, etwas zu tun, ist häufig so groß wie das Risiko,

es zu unterlassen.

Robert Bergmann

Das Bewerbungsschreiben / <u>Anschreiben</u>

- ✓ Absender
- ✓ Anschrift
- ✓ Ort, Datum

Betreff, z. B. Bewerbung um eine Stelle/Lehrstelle als…

- ✓ Persönliche Anrede, Name der Ansprechperson

- ✓ Oder, wenn kein Ansprechpartner genannt:
  Sehr geehrte Damen und Herren
- ✓ Text

- ✓ Grußformel (Mit freundlichen Grüßen)

- ✓ Unterschrift (handschriftlich)

- ✓ Beilagen (z. B. Zeugniskopie, Lebenslauf)

  Nachfolgend zwei Muster

Max Mustermann
Musterweg 99
12345 Musterstadt

Firma Rast und Ruh GmbH
z.Hd. Frau Mariane Kennichnicht
Muster-Brunnen Straße 45
12345 Musterstadthausen

Musterstadt, den 08.08.2016

Bewerbung als Gebietsverkaufsleiter für den Raum Süddeutschland

Sehr geehrte Frau Kennichnicht,
Ihre Stellenanzeige als Gebietsverkaufsleiter für den Raum Süddeutschland
habe ich auf Stepstone gelesen.
 Da ich überzeugt bin, dem Aufgabengebiet sowie dem Profil
zu entsprechen, möchte ich mich hiermit auf diese Stelle bewerben.

Ich bin überzeugt, dass die Leitlinie von Rast und Ruh GmbH nur den
höchsten Ansprüchen zu genügen meinem Ehrgeiz und Fähigkeiten
entspricht.
Daher sehe ich mich in Ihrem Umfeld als weitere treibende Kraft auf
dem Weg die geplanten Unternehmensziele zu erreichen.
Wie Sie meinem Lebenslauf entnehmen können, bin ich seit längerer Zeit
in Außendienst-und Führungspositionen tätig.
 Mein Ziel ist es, den Enthusiasmus und die Ambitionen die ich mitbringe in
einem förderlichen Umfeld zu Leistung und Erfahrung auszubauen und eine
zentrale Rolle im Unternehmen einzunehmen.
Darüber hinaus möchte ich meine Erfahrungen im Verkauf/Vertrieb
einbringen und auch weiter ausbauen.
Ich bin sicher, dass Sie von meiner Einsatzbereitschaft, Gewissenhaftigkeit,
Flexibilität und meinen Erfahrungen sehr profitieren werden.
Gerne stelle ich mich persönlich bei Ihnen vor, um die Möglichkeit
einer Zusammenarbeit näher zu besprechen.
Mit freundlichen Grüßen
Unterschrift

Musterweg 99
12345 Musterstadt

Firma Muster GmbH
Muster-Brunnen Straße 45
12345 Musterstadthausen

Musterstadt, den 09.08.2016

Bewerbung als Produktionsmitarbeiter

Sehr geehrte Damen und Herren,
Ihre Stellenanzeige habe ich auf den Seiten des Jobcenters Musterstadt
gefunden.
Da ich überzeugt bin, dem ausgeschrieben Profil zu entsprechen,
möchte ich mich hiermit bewerben.
Wie Sie meinem Lebenslauf entnehmen können, habe ich bereits
mehrere Jahre Erfahrung im Bereich der Produktion.
In meinen Jahren der Tätigkeit als .... konnte ich meine Leistungen,
sowie meine Zuverlässigkeit, stetig unter Beweis stellen.
Durch meine Flexibilität, meine rasche Auffassungsgabe, kann ich mich
sehr schnell auf neue Situationen einstellen.
Durch meine Freude an dieser Arbeit, meine soziale Kompetenz
und mein Verantwortungsbewusstsein, bin ich mir sicher,
in Ihr Team zu passen.
Auf eine Einladung zum Gespräch und ein persönliches Vorstellen
in Ihrem Hause würde ich mich sehr freuen.

Mit Freundlichen Grüßen
Max Mustermann
Anlagen:

Das Zeugnis

Man legt immer nur eine Kopie eines Zeugnisses bei,
niemals das Original.
Alle Ihre beruflichen Stationen sollten Sie mit einem
Arbeitszeugnis belegen.
Fehlt ein Arbeitszeugnis, wird vermutet, dass die Bewertung
Ihrer Leistungen nicht besonders gut waren.
Berufsqualifizierender Abschluss:
Haben Sie eine qualifizierte Ausbildung, den Meistertitel,
ein Studium den Bachelor erfolgreich abgeschlossen?
Dieser Nachweis darüber darf nicht fehlen.
Bei einem Ausbildungsabschluss genügt der Nachweis der
Industrie- und Handelskammer, oder der Handwerkskammer.

Weiterbildung:

Weiterbildungen, Schulungen, Seminare oder der Erwerb der
Ausbildereignung, sind Nachweise die Ihr Engagement und Ihr
Bildungsinteresse belegen.
Deshalb gehören auch diese in die Bewerbungsmappe.
Doch achten Sie darauf, dass nur solche Belege und
Nachweise, die auch in Ihrer neuen Stelle von Interesse sind,
beigelegt werden.

Bescheinigungen über Kurse:

Bescheinigungen sollten Sie nur dann beilegen, wenn es sich
wirklich nur um besondere oder herausragende erworbene
Kenntnisse handelt, die nicht selbstverständlich und in Ihrem
bisherigen Berufsleben nicht vorausgesetzt worden sind.
Versenden Sie auch hier niemals Originaldokumente.

Das Bewerbungsgespräch:

Informieren Sie sich gut über das Unternehmen!
Wer gut vorbereitet ist, dem kann nicht mehr viel passieren.
Wenn Sie nun eine Einladung zum Vorstellungsgespräch
erhalten haben, dann hat Ihre Bewerbung Eindruck
hinterlassen.
**Doch nun kommt es darauf an, wie gut Sie sich in diesem
Gespräch behaupten, verkaufen, und darstellen können.**
Bereiten Sie sich explizit und sehr intensiv darauf vor.
Überlassen Sie nichts dem Zufall oder hoffen gar auf
das Glück!
Sammeln Sie alle Infos über den Betrieb, tragen Sie alles
zusammen, was Sie über das Unternehmen herausfinden
und schreiben Sie sich es auf.
Alle Daten, Fakten und Zahlen, die das Unternehmen auf
seiner Homepage, auf Werbeseiten oder Informationsseiten
preis gibt, sollten Sie kennen. Denn so können Sie punkten!
Informieren Sie sich was in dieser Branche getragen wird,
denn ein unpassendes Outfit wäre der erste Minuspunkt.
Achten Sie darauf, dass die Kleidungsstücke bequem sind,
oder wenn sie neu sind, tragen Sie diese einmal zuvor.
Auch heute noch sind die Fingernägel, die Frisur und das
gepflegte Aussehen von großer Bedeutung.
In diesem Gespräch geht es nicht nur um ihr Fachwissen,
vielmehr um ihre Persönlichkeit.

In der Regel läuft ein Bewerbungsgespräch wie folgt ab:

- Begrüßung
- Small Talk (ein auflockerndes Gespräch)
- Kurze Darstellung des Unternehmens und der ausgeschriebenen Stelle (durch den Personaler)
- Ihre Selbstpräsentation (beruflicher Werdegang)
- Fragen zum fachlichen Wissensstand und zur Persönlichkeit
- Fragen des Bewerbers an das Unternehmen / Gesprächspartner
- Abschluss des Gesprächs
- Verabschiedung

Zur Begrüßung:

Der " **erste Eindruck** " <u>entsteht bei der Begrüßung.</u>
Hier entscheidet Ihr:
aufgewecktes Auftreten, Ihr Gang, Ihre Körperhaltung
und Ihr freundlicher Gesichtsausdruck, sowie Ihre Stimme.
Zum Small Talk:
Bei diesem Gespräch geht es darum, dass dem Bewerber
die Aufregung genommen werden soll.
Darstellung des Unternehmens:
Hier stellt der Personalverantwortliche kurz das
Unternehmen vor und beschreibt den ausgeschriebenen
Arbeitsplatz.

Selbstpräsentation:

Diese Selbstpräsentation ist ein sehr wichtiger Abschnitt in dem Gespräch. Sie bekommen die Gelegenheit Sich selbst präsentieren / darzustellen.

Die Voraussetzung hierfür ist natürlich, dass Sie Ihren Lebenslauf auch kennen und ihn (ohne Jahreszahlen) wiedergeben können.

Diese Darstellung sollten auf jeden Fall inhaltlich interessant und mit einer gekonnten authentischen Mimik und Gestik vorgetragen werden.

Sie haben auch hierbei die Gelegenheit, die nicht ganz repräsentativen Abschnitte in Ihrem Leben/Berufsweg geschickt zu erklären/darzustellen.

Deshalb nochmals: üben Sie diese Selbstpräsentation am besten in einer Kurz- und in einer Langversion.
(Kurversion 1-2 Minuten/ Langversion 3-5 Minuten)

Fachlicher Wissensstand / Persönlichkeit:

Hierbei wird Ihr berufliches Wissen erfragt und ob Sie den Job auch mit dem nötigen Knowhow antreten können.

Deswegen verwenden Sie in Ihren Gesprächen immer Schlagwörter, die die schon darauf schließen lassen, dass Sie sich in Ihrem Beruf auskennen.

Es kann auch durchaus vorkommen, dass man Ihnen Stressfragen stellt, hier will man testen, wie stressresistent Sie sind und ob Sie auch sachlich in solchen Situationen bleiben.

Die wohl häufigste Frage von den Personalverantwortlichen ist die nach den **Stärken und Schwächen.**
Wenn Sie gut vorbereitet sind, gibt es auch hier keine Probleme.
Achten Sie aber darauf, dass Sie sich mit Ihren vorherigen Äußerungen nicht selbst kollidieren. Ihre Stärken sollten auch zu der Position, die Sie anstreben, passen.
Erläutern Sie ihre Vorzüge immer mit Beispielen und leiern Sie diese nicht nur herunter.
Überlegen Sie, was Sie besonders gut können oder welche Eigenschaften Ihnen in Ihrem bisherigen Berufsleben immer geholfen haben. Mit solchen Aussagen oder Antworten können Sie natürlich Ihre Stärke glaubhaft belegen.

Hier ein paar Beispiele für Stärke:
" Ich bin belastbar" Durch die saisonale Mehrarbeit und darauffolgenden Überstunden, ist man sehr gefordert. Doch bewältige ich diese immer mit meiner strukturierten Organisation.
" meine Ausdauer" durch meine Geduld und Ausdauer konnte ich schon oft in kniffligen Situationen, wie z.B. als der Strom ausfiel und alles drunter und drüber ging, den Fehler finden und beheben.
Beispiele für Schwäche:
"manchmal bin ich etwas zu offen und direkt" Durch meine klaren, direkten Anweisungen übersehe ich manchmal die Umsetzbarkeit von meinen Kollegen und überfordere diese.

"Aber ich arbeite daran" (mit diesem Satz, ich arbeite daran, sieht der Personaler, dass Sie Ihr Problem erkannt haben und sich mit ihm auseinandersetzen.)
Nennen sie nicht mehrere Schwächen, sonst verzetteln sie sich noch.
Auch die Frage, warum Sie einen neuen Job suchen, warum Sie die **Stelle wechseln wollen** wird gerne gefragt.
Egal was in Ihrer bisherigen Firma passiert ist, schimpfen Sie niemals über diese und sagen nichts Negatives.
Personaler würde sonst vermuten, dass Sie nicht loyal sind.
Begründen Sie den Stellenwechsel sachlich und lassen erkennen, dass es Ihnen um ein Weiterkommen in Ihrer Karriere oder in Ihrer beruflichen Laufbahn geht.
Nennen Sie beispielsweise die Herausforderungen, die das neue Aufgabengebiet mit sich bringt, und diese Sie sehr interessieren und auch liegen/ zusagen.
Beispiel: Meine Fähigkeiten und Fertigkeiten kann ich bei Ihnen weiter ausbauen und vertiefen.

Hier noch ein paar typische Fragen im Vorstellungsgespräch:

- Stellen Sie sich kurz vor und fassen Sie ihren bisherigen Werdegang zusammen.
- Weshalb haben Sie sich ausgerechnet bei uns beworben
- Was gefällt Ihnen besonders gut an unserer Firma
- Arbeiten Sie lieber im Team oder selbstständig

- Welche Aufgaben fallen Ihnen schwer, oder mögen Sie überhaupt nicht
- Warum haben Sie ihren letzten Arbeitgeber verlassen
- Haben Sie sich auch noch bei anderen Firmen beworben
- Wie gehen Sie mit Kritik um
- Wie würden andere Sie beschreiben
- Was waren bislang Ihre größten Erfolge / Misserfolge
- Wie steht Ihre Familie zu Ihren beruflichen Plänen
- Wo sehen Sie sich in fünf Jahren
- Würden Sie Ihr Hobby zugunsten des Berufs aufgeben
- Könnten Sie morgen schon bei uns anfangen
- Sie waren sehr lange arbeitslos. Was haben Sie in dieser Zeit gemacht. Oder haben Sie nur abgewartet
- Wie würden Sie reagieren, wenn ich Ihnen sagen würde, dass Sie mich bislang noch nicht überzeugt haben

Legen Sie sich passende Antworten zurecht. Gehen Sie gedanklich alle Fragen durch, um weitere nachbohrende Rückfragen des Personaler zu verhindern.

Bei unzulässigen Fragen, wie zum Beispiel:

Sind Sie Schwanger?

Planen Sie in den nächsten Jahren Kinder?

Wie oft beten Sie?

Welches Geschlecht bevorzugen Sie?,

darf man auch bewusst lügen. Auch wenn im Nachhinein es sich herausstellt, dass man gelogen hat, muss man keine Konsequenzen erwarten.

Zum Beispiel: bei der Frage nach der Kinderplanung in der nächsten Zeit, kann dies mit der Antwort:
Erst später, beantwortet werden.
Bei harmlosen Fragen, wie der Religionszugehörigkeit, sollten Sie jedoch ehrlich antworten, da lügen keinen Sinn macht.

Fragen des Bewerbers:

In diesem Abschnitt erhalten Sie die Gelegenheit, Ihre Fragen zu stellen, die während des Gesprächs noch nicht besprochen wurden.
Auf diese Weise möchte der Personalverantwortliche herausfinden, wie sehr Sie wirklich an der ausgeschrieben Stelle interessiert sind.
Schreiben Sie sich Ihre Fragen auf, denn wenn Sie aufgeregt sind, vergessen sie die Hälfte.

Hier ein paar Beispiele:

- Wer arbeitet mich ein
- Wie lange dauert die Einarbeitung
- Gibt es Weiterbildungsmöglichkeiten
- Kann ich mir meinen Arbeitsplatz mal ansehen
- Gibt es eine Gleitzeit (Frage nach der Arbeitszeit)
- Wem bin ich unterstellt / wem arbeite ich zu
- Hat das Unternehmen Betriebsferien/Urlaub
- Werden Überstunden bezahlt
- Wie viel verdiene ich (ev. Urlaubs-Weihnachtsgeld)

Schlussgespräch:
Hier wird lediglich die Verabschiedung angedeutet, meist mit den Worten: " Wenn Sie keine Fragen mehr haben....."
Verabschiedung:
Bei der Verabschiedung haben Sie die Gelegenheit, sich für das interessante, aufschlussreiche Gespräch zu bedanken und mit dem Anstoß, dass Sie sich auf ein Wiedersehen freuen würden.
Merke:
Bei der Verabschiedung entsteht der " **letzte Eindruck** "
Dieser ist der Eindruck, der bleibt (an den man sich erinnert)

****

Ich habe gelernt, dass nicht das, was ich tue, falsch ist,

sondern das, was infolge meine Handelns aus mir wird.

Oscar Wilde

Anbei noch ein paar Tipps zum überzeugenden Auftritt:

Körpersprache:	erweckter Eindruck
Blickkontakt	ist glaubwürdig und zeigt Interesse
Aufrechte Sitzhaltung	ist aufmerksam und konzentriert
Hände liegen auf den Oberschenkeln oder Stuhllehnen	ist belastbar und hält den Druck aus
Die Füße stehen fest auf dem Boden	ein Bewerber mit Bodenhaftung und Standfestigkeit
Angemessene Stimme und Lautstärke	ist souverän und Herr der Lage
Passende Mimik und Gestik	ist ehrlich und eindrucksvoll
Ein angenehmes Lächeln	ist sehr freundlich

Auszeiten - Arbeitslosigkeit und Abbrüche in ihrem Lebenslauf

Nur selten gibt es sehr lückenlose, gradlinige Lebensläufe. Des öfteren den Beruf gewechselt, häufiger die Firma gewechselt, dann arbeitslos...... ?
Geben Sie nicht auf, stehen Sie zu Ihrem bisherigen Lebenslauf !
Denn es kommt immer darauf an, wie Sie sich verkaufen, wie Sie die " Brüche" verkaufen. Etwas weg zu reden wäre hier der falsche Weg oder die falsche Strategie.
Der Personalverantwortliche muss erkennen, dass Sie sich mit Ihrem beruflichen Lebensweg und auch mit Ihren Zielen auseinandergesetzt haben.
Hier wäre zum Beispiel die Aussage, " Auf meinen bisherigen Lebenslauf bin ich nicht stolz, jedoch habe ich mich fest entschlossen, dies zu ändern" empfehlenswert.
oder: " mein bisheriger Lebenslauf war holprig und von etlichen Missgeschicken geprägt, jedoch habe ich jetzt mein Ziel fest vor Augen und werde es mit ganzer Kraft und ohne wenn und aber, durchziehen".
Machen sie dem Personaler plausibel, dass Sie den Wechsel, den neuen Einstieg gut durchdacht haben und geben Sie ihm auch Gründe hierfür. Geben Sie zu verstehen, dass Sie mit Interesse in die neue Aufgabe hineinwachsen wollen.

Bei einem Ausbildungsabbruch oder einem Studienabbruch hinterfragt der Personaler ganz genau, da er hierfür die Gründe von etwa einem " Problemdenker" einem " schnell Aufgeber" oder einem" labilen Denker " sieht.

Da diese Zeit meist etwas zurückliegt, kann so ein Abbruch mit der Erkenntnis, dass dieser Berufszweig nicht der richtige war, begründet werden.

Oder: " Da meine Eltern mir eingeredet haben, dass dies der richtige Beruf für mich sei, habe ich diesen ergriffen und nicht auf meine Wünsche geachtet".

Bei einer Arbeitslosigkeit braucht man sich nicht zu schämen, dass kann heutzutage jedem passieren.

Hier möchte der Personaler aber erkennen, dass Sie sich nicht zurückgezogen haben, sich nicht hängen ließen, sondern dass Sie aktiv geblieben sind.

Erläutern Sie an dieser Stelle, was Sie alles unternommen haben, um eine neue Anstellung zu bekommen.

Zum Beispiel: Weiterbildungen, Fortbildungen,
Bewerbungsaktivitäten.

Wenn die direkte Frage kommt:

" Sie sind nun seit acht Monaten arbeitslos.

Woran liegt das ? **oder** " Sind Sie nicht zu lange aus dem Arbeitsleben heraus?"

Antwort: "Meine Kündigung, die Personaleinsparung der Firma, kam für mich völlig überraschend. Auch wollte ich nicht den nächst besten Job annehmen, sondern meinen Fähig- und Fertigkeiten entsprechend, mir eine adäquate Stelle suchen."

Auch etwas ältere Bewerber müssen mit sehr direkten Fragen bezugnehmend auf ihr Alter rechnen.

Beispiel: "Sind Sie nicht zu alt für diese Position ? oder trauen Sie sich in Ihrem Alter diese Aufgaben noch zu?"

Antwort: "Durch mein Alter bringe ich auch eine große Erfahrung mit. Ich besitze umfassende Kenntnisse durch meine langjährige Tätigkeit als..... oder.... meine Hörner habe ich mir schon lange abgestoßen, jedoch der Biss ist geblieben."

Sollten Sie des Öfteren den Arbeitgeber gewechselt haben, vermutet der Personaler, dass Sie eventuell nicht anpassungsfähig seien oder sehr engstirnig.

Antworten Sie mit den Gründen von: Betriebsbedingten Kündigungen, Umstrukturierungen in der Firma, oder die schlechte Auftragslage in dieser Zeit. Sagen Sie auch hier nichts negatives über den Betrieb, nennen Sie eher etwas positives.

Bei Frauen, die nach der Elternzeit wieder arbeiten möchten, müssen überzeugend argumentieren, dass sie ständig mit dem Beruf in Kontakt geblieben sind und sich über Neuerungen und Änderungen informiert haben.

Das Leben verändert sich nicht zum Besseren, solange man nicht begreift,
dass es nicht die Intelligenten sind, die uns fehlen, sondern die Mutigen.

Françoise Giraud

Die Bewerbung am Telefon

Die Bewerbung am Telefon hat etliche Vorteile.
Wollen Sie sich unaufgefordert, also ohne eine vorhergegangene Stellenausschreibung bewerben, also eine Initiativbewerbung, ist es ratsam, dies telefonisch zu tun.
Sie bekommen sofort ein Feedback, ob die Firma jemanden sucht
Sie lernen gleich einen Ansprechpartner kennen
für eine spätere, schriftliche Bewerbung haben Sie gleich eine Bezugsperson, auf die Sie zurückgreifen können.
Wenn Sie sich schriftlich, initiativ bewerben, müssen Sie unter Umständen wochenlang auf eine Antwort warten.
Auch ist es ratsam, sich bei einer gefundenen Stellenausschreibung vorher telefonisch zu melden (wenn dies nicht ausdrücklich untersagt ist).
Durch ein bis zwei geschickte Fragen, lernen sie den verantwortlichen Ansprechpartner kennen und zeigen somit auch Ihr wirkliches Interesse an der Stelle.

Auch hier ist der Vorteil, dass Sie dann bei der schriftlichen Bewerbung schon einen Gesprächspartner anführen können.

Beispiel: Bezugnehmend auf das aufschlussreiche und informative Gespräch mit Ihnen vom .... möchte ich mich heute bei Ihnen bewerben

Bereiten Sie sich auch hier sehr intensiv auf das Telefongespräch vor.

Auch hier ist es wie im persönlichen Vorstellungsgespräch," der erste und der letzte Eindruck ".

Machen Sie sich im Vorfeld Gedanken was Sie fragen, wie Sie den Gesprächspartner überzeugen wollen, welche Fragen Sie stellen wollen und vor allem, was könnte Sie der Gesprächspartner alles fragen und wie werden Sie darauf antworten.

Informieren Sie sich gut vorab über diese Firma, so dass Sie eventuellen Fragen, Rede und Antwort stehen können.

Auch schon bei diesem Telefonat kann Ihre erlernte Selbstdarstellung zum tragen kommen.

Denken Sie auch daran, dass Sie meist mit einer Telefonzentrale oder einer Sekretärin verbunden werden, die Sie dann weiterleitet.

Fragen Sie nach, wer für die Einstellung, das Personalwesen zuständig ist. Seien Sie zu diesen Gesprächspartnern auch sehr höflich und respektvoll.

Wenn Sie mit der richtigen Stelle/Person verbunden sind, stellen Sie sich kurz vor und sagen Sie worum es geht.

Und denken sie beim Abschluss an das Gespräch an den
letzten bleibenden Eindruck !!!

Seien Sie sehr höflich, bedanken Sie sich für das Gespräch
und das Sie sich auf einen eventuellen weiteren Kontakt sehr
freuen würden.

Tipp:
Telefonieren Sie von einem Platz aus, der ruhig ist und Sie
ungestört sind.
Sprechen Sie deutlich.
Schreiben Sie sich ihre Fragen auf, so dass Sie nichts
vergessen.
Legen Sie ihren Lebenslauf neben sich.
Halten Sie Papier und Stift griffbereit.
Notieren Sie sich gleich den Namen des Gesprächspartners,
so dass Sie bei Verabschiedung seinen Namen noch wissen.
Fragen Sie nach wie der Name richtig geschrieben wird
Denken Sie daran, dass ihr Gesprächspartner nicht so viel
Zeit hat wie Sie. Sie sollten also in relativ kurzer Zeit sich so
darstellen, dass das Interesse des Personaleres geweckt
wurde.
Achten Sie auf Ihre Fragetechnik, denn mit gezielten Fragen
zeigen Sie Interesse.
Machen Sie sich Notizen zu diesem Gespräch
Natürlich kann es auch umgekehrt sein, dass Sie von einem
Unternehmen angerufen werden, bei dem Sie sich schriftlich
oder online beworben haben.

Dies geschieht meist, wenn das Unternehmen sehr viele Bewerbungen auf die ausgeschriebene Stelle erhalten hat. Jetzt wird vorab herausgefunden, welche Bewerber es ernst meinen und wirklich Interesse zeigen.

Wenn Sie so einen Anruf erhalten, beachten sie folgendes:
Bei der Frage ob Sie kurz Zeit hätten, rät es sich:
wenn Sie nicht genügend vorbereitet sind :
Können sie mich bitte in zwei Stunden nochmals anrufen, da ich gerade in einer Schulung/Einkaufen/im Gespräch/im Auto bin.

Ich befinde mich noch an meinem Arbeitsplatz, habe aber um 14:00 Uhr Feierabend und wäre um ca. 15:00 Uhr Zuhause. Wäre es Ihnen möglich mich dort nochmals anzurufen....Danke.

Es ist wichtig, dass Sie sich Zeit verschaffen, um sich optimal vorzubereiten und wie in den Tipp`s beschrieben, vorzugehen .
Es wäre ein fataler Fehler, wenn Sie dem Gespräch gleich zustimmen würden an dem Ort, wo sie gerade sind, wie zum Beispiel im Supermarkt.
Dort wäre es laut, andere Menschen würden Ihnen zuhören, oder gar stören. Sie wären abgelenkt und man würde Sie auf dem sogenannten " falschen Fuß erwischen".

****

Telefoniere immer so, als wärst Du selber am anderen Ende.

Onlinebewerbung

Bewerbungen über das Internet werden immer beliebter. Geht man von den 1000 größten Unternehmen im deutschsprachigen Raum aus, dann verteilt sich die Art und Weise, wie die Bewerbung von den Unternehmen gefordert wird, wie folgt:

Ca. Werte

24 % bewerben sich noch mit Papier
41 % bewerben sich per Mail
35 % bewerben sich online/ auf den Seiten der Firmen

Also bald die Hälfte aller Bewerbungen werden über das Internet verschickt

Die Online-Bewerbung bietet sich also an, wenn das Unternehmen sich auf seiner Internetseite anbietet.
Eine E-Mail-Bewerbung sollte immer getätigt werden, wenn diese auch vom Unternehmen so gefordert wird.
Eigentlich unterscheidet sich die klassische Bewerbung von der Email-Bewerbung überhaupt nicht, außer das diese billiger und schneller beim Arbeitgeber ist.

<u>Achten sie deshalb darauf:</u>

 Dass es verführerisch ist, immer wieder die gleichen Texte in den Anhang zu stellen.
(jede Bewerbung individuell erstellen, dies gleicht sonst einer Massenbewerbung).

■

Gehen sie gleich differenziert und akribisch in Ihrer Erstellung, wie bei einer schriftlichen Bewerbung vor.

■

Beim Erstellen der E-Mail-Bewerbung sollte immer Ihre Bewerbungsmappe griffbereit sein.

■

Ihre Darstellungen in der E-Mail-Bewerbung sollten immer aussagekräftig sein.

■

Welche Tätigkeiten Sie bisher ausgeübt haben.

■

Warum Sie sich für diese ausgeschriebene Position bewerben

Ihre Qualifikationen sollten Sie erwähnen, warum Sie die Stelle ausüben können.

∎

Ihr Lebenslauf muss immer auf dem neuesten Stand sein.

∎

Achten Sie vor allem auf eine korrekte Rechtschreibung und Grammatik.

∎

Vergessen Sie nicht den Betreff zu nennen.(um welche Position/Stelle es sich handelt).

∎

Achten Sie auch auf die geforderten Formate wie die Bewerbung verschickt werden soll (Word-Datei /PDF)

∎

Fotos oder eingescannte Unterlagen werden meist per " gif - jpg "verschickt.

∎

❖

Um sich optimal auf ihr Vorstellungsgespräch

vorzubereiten,

empfehle ich Ihnen auch mein

Arbeitsheft

„ Das Persönlichkeitsprofil "

Literaturnachweis:

Ich orientiere mich teilweise mit der Literatur

von Püttjer und Schnierda,

sowie weitere Literaturquellen.

Für Ihre Notizen

Bibliografische Information der Deutschen Nationalbibliothek: Die
Deutsche Nationalbibliothek verzeichnet diese Publikation in der
Deutschen Nationalbibliografie; detaillierte bibliografische Daten sind
im Internet über dnb.d-nb.de abrufbar.

TWENTYSIX – Der Self-Publishing-Verlag
Eine Kooperation zwischen der Verlagsgruppe Random House und
BoD – Books on Demand

© 2016 Buck, Rolf

Herstellung und Verlag:
BoD – Books on Demand, Norderstedt

ISBN: 978-3-7407-2488-7